My Letters to Santa

JOURNAL

My Letters
to Santa

JOURNAL

My Letters
to Santa

JOURNAL

My Letters to Santa

JOURNAL

My Letters to Santa

JOURNAL

My Letters
to Santa

JOURNAL

My Letters to Santa

JOURNAL

My Letters
to Santa

JOURNAL

My Letters to Santa

JOURNAL

My Letters to Santa

JOURNAL

My Letters to Santa

JOURNAL

My Letters
to Santa

JOURNAL

My Letters
to Santa

JOURNAL

My Letters
to Santa

JOURNAL

My Letters
to Santa

JOURNAL

My Letters
to Santa

JOURNAL

My Letters
to Santa

JOURNAL

My Letters
to Santa

JOURNAL

My Letters
to Santa

JOURNAL

My Letters
to Santa

JOURNAL

My Letters
to Santa

JOURNAL

My Letters
to Santa

JOURNAL

My Letters to Santa

JOURNAL

My Letters
to Santa

JOURNAL

My Letters
to Santa

JOURNAL

My Letters
to Santa

JOURNAL

My Letters to Santa

JOURNAL

My Letters to Santa

JOURNAL

My Letters
to Santa
JOURNAL

My Letters
to Santa

JOURNAL

My Letters to Santa

JOURNAL

My Letters to Santa

JOURNAL

My Letters
to Santa

JOURNAL

My Letters to Santa

JOURNAL

My Letters to Santa

JOURNAL

My Letters
to Santa

JOURNAL

My Letters
to Santa

JOURNAL

My Letters
to Santa

JOURNAL

My Letters
to Santa

JOURNAL

My Letters
to Santa

JOURNAL

My Letters
to Santa

JOURNAL

My Letters to Santa

JOURNAL

My Letters
to Santa

JOURNAL

My Letters to Santa

JOURNAL

My Letters to Santa

JOURNAL

My Letters
to Santa

JOURNAL

My Letters
to Santa

JOURNAL

My Letters
to Santa

JOURNAL

My Letters
to Santa

JOURNAL

My Letters
to Santa

JOURNAL

My Letters
to Santa

JOURNAL

My Letters
to Santa

JOURNAL

My Letters to Santa
JOURNAL

My Letters
to Santa

JOURNAL

My Letters
to Santa

JOURNAL

My Letters
to Santa

JOURNAL

My Letters
to Santa

JOURNAL

My Letters
to Santa

JOURNAL

My Letters
to Santa

JOURNAL

My Letters
to Santa

JOURNAL

My Letters to Santa

JOURNAL

My Letters
to Santa

JOURNAL

My Letters
to Santa

JOURNAL

My Letters to Santa

JOURNAL

My Letters
to Santa

JOURNAL

My Letters
to Santa

JOURNAL

My Letters
to Santa

JOURNAL

My Letters
to Santa

JOURNAL

My Letters to Santa

JOURNAL

My Letters
to Santa

JOURNAL

My Letters
to Santa

JOURNAL

My Letters
to Santa

JOURNAL

My Letters
to Santa

JOURNAL

My Letters to Santa

JOURNAL

My Letters
to Santa

JOURNAL

My Letters
to Santa

JOURNAL

My Letters to Santa

JOURNAL

My Letters
to Santa

JOURNAL

My Letters
to Santa

JOURNAL

My Letters to Santa

JOURNAL

My Letters
to Santa

JOURNAL

My Letters
to Santa

JOURNAL

My Letters
to Santa

JOURNAL

My Letters
to Santa

JOURNAL

My Letters
to Santa

JOURNAL

My Letters
to Santa

JOURNAL

My Letters
to Santa

JOURNAL

My Letters
to Santa

JOURNAL

My Letters to Santa

JOURNAL

My Letters
to Santa

JOURNAL

My Letters
to Santa

JOURNAL

My Letters
to Santa

JOURNAL

My Letters
to Santa

JOURNAL

My Letters to Santa

JOURNAL

My Letters
to Santa

JOURNAL

My Letters
to Santa

JOURNAL

My Letters
to Santa

JOURNAL

My Letters
to Santa

JOURNAL

My Letters
to Santa

JOURNAL

My Letters
to Santa

JOURNAL

My Letters
to Santa

JOURNAL

My Letters
to Santa

JOURNAL

My Letters
to Santa

JOURNAL

My Letters to Santa

JOURNAL

My Letters
to Santa

JOURNAL